먼 산

먼 산

김정식 시집

좋은땅

먼 길을 가기 위해선
대나무에 실린 바람처럼
뒤에서 머물러야 할
부드러운 발걸음이 있다.

― 시 「역입」에서

시인의 말

인간은 결여의 존재로
사랑이라는 언어로
사랑을 충분히 담아내지 못한다.
그러나, 사랑은
현상의 이면에서 여운으로 감도는
종소리로 남아 있다.

종소리는 다양하며
삶의 음색도 다양하다.

시를 쓰면서 일상생활에서 사랑에 대해
우리를 읽고, 본연의 나를 찾아가고 싶었다.

2025년 칠월에
김라상

차례

시인의 말 7

제1부

증표 17
역입 18
신전神殿 20
지하철 선방 22
제3지대 커피 24
두물머리 26
골목에서 28
붕어빵 30
마네킹 32
라이더 34
어떤 춤 36
비워진 그릇 38
섬광 40
얼굴 없는 사람 42
프로이트 어머니 44
허리디스크 46
고향의 봄 48
푸른 하늘 은하수 49
오해 50

제2부

하루　53
호각　54
오십 원　56
ㅁ에 대하여　58
무명　60
여의도 매미　62
장롱면허　64
마티스 할머니　66
카톡　68
양은 냄비　69
수도꼭지　70
이름표　72
클래식　74
원시　75
오방색 국수　76
너를 기다리는 노량진이 좋다　79
염　80
안나푸르나 가는 길　82
수목　84

제3부

밑줄 87
양수가 수액처럼 흐르던 날 88
별 눈 90
확진 92
성모병원 94
앞차 95
명당자리 96
새벽에 97
키 작은 심지 98
모래 위 지렁이 100
마지막 편지 102
천공天空 104
게이트볼 106
파도의 불꽃 108
가을날의 수채화 110
신화랑 112
길상사 114

제4부

손톱을 깎으며 117
먼 산 118
외양간 옆 옛이야기 120
석양의 잔 122
잡곡밥 123
고목 124
연탄 125
이방인 126
태초 127
물레방아 128
비석 130
고흐 132
현대미술관에서 134
사향師香**, 그대의 떠남은** 136
처마 밑 고드름 140
이웃사촌 143
지팡이 144
간이역 146
하늘 로밍 148
여명黎明 150

나는 시를 이렇게 썼다 152
나는 명시를 이렇게 읽었다 160
발표지면 165

이 시집을 한학을 좋아하셨던 아버지와

무한의 사랑을 베푸셨던

어머니께

바칩니다

제1부

증표

나무꾼과 선녀는 가수 김창남 씨를 보내기 전
뉴욕에서 둘이 청재킷을 샀다고 한다
청재킷을 입고 37년 동안 노래 부르고
이젠 무대에 홀로 서면
청재킷의
추억새가 울컥한다고 한다

선녀는 떠나갔어요
하늘 높이 저 멀리
떠나갔어요

나는 누군가를 사랑한 적이 있다
그러나 추억으로 남길 증표가 없다
반쪽의 거울 신화 속에 나오는 그 거울

역입

화선지 위에 붓을 눌러
까치발로 섰다 뒤로 물러나
앞으로 나아간다
장대에 몸을 뒤로 맡기며
도약하는 선수처럼
소용돌이치는 강물 위 떠나가는
풀어진, 배의 스크루처럼
풀숲 움츠리다 뛰는 개구리처럼
내가 밟고 가는 길이 끊이지 않고
흔들리지 않기 위해선
잠시 물러섬이 필요하다.
과녁을 보며 활시위를 당겨 푸르릇
허공의 진동을 가르는 일이나
손으로 지그시 눌러
울려 주는 거문고 소리에도
팽팽해진 끝점에서 제 모습을 돌아보는,
눈길에 깜깜한 밤을 이고 걸어갈 때도
찰나에 스미는 붓을 가다듬고

곧게 나아가듯,
먼 길을 가기 위해선
대나무에 실린 바람처럼
뒤에서 머물러야 할
부드러운 발걸음이 있다.

신전神殿

지하 1층에 채소며 과일이며 음식이
1층에 루주를 바르고 스카프에 향수를 뿌리고
2층에 올라가 빨간 구두를 신고 침대에 눕는다
3층에 무스탕을 걸어 놓고 골프채를 잡는다
4층에 안마의자에 잠을 청한다
5층에 80인치 고화질 TV 숭고미가 켜진다

다면의 유리가 내 모습을 비춘다

불빛을 핥고 지하에서 지상으로
자정을 쏘며 쉼 없이
날개를 오므렸다 펴며
체중을 싣고 불나방은 벽을 오른다
아래로 떨어지는 껍질들
석촌호수 불빛의 비늘이 흘수선에 퍼덕인다

"새 희망, 사람이 먼저다"
현수막의 펄럭이는 외침

폐휴지에 쌓인 손수레 구멍 난 바퀴
거대한 기둥의 블랙홀이 옆을 스친다
좌우로 흔들리는 포장마차의 백열등
도로 위에 밀착한 백열등의 안간힘
찬 바닥에 스멀거리는 비둘기

번지 없는 욕망에서 번지 잃은 욕망으로

수직으로 올리는 거대한 기둥
수평으로 끌어당기는 작은 뿌리
굳게 닫힌 강화유리문에 힘은 부딪친다

도도히 한강은 흐르고
초고층 야경 오르가슴의 밤이 불타오른다
내 낡은 집에
저기, 붉은 장미가 던져지고 있다

지하철 선방

퇴근길 쿨럭이는 지하철 1호선
퇴색해진 바닥만큼이나
허름한 마음으로 사람 사이를 접으며 들어간다
다리 사이로 길을 잃었다
눈빛이 매섭다
늘어진 이어폰을 따라
달팽이가 귓속으로 기어가고
까만 염주 알을 돌리며 경전을 읽는다
피곤의 나방이 서성이다가
검은 창문에 기댄다
차창 밖 비치며 지나가는 불빛이며
천장에 매달려 졸고 있는 손잡이며
물끄러미 바라보는 눈길이며
평상 위 묵언의 향기며
꺾어진 소주 냄새며
큰 가방에서 흘러나오는 애절한 외침이며
좁은 길을 헤치며 파고드는 음색들
등과 등 사이로 들리는 독경 소리

출입문이 죽비처럼 닫히고
창밖을 보다가 바닥을 보다가 부딪치는 가방
순환선과 왕복선,
땀방울에 움켜쥔 밤
굳어져 가는 바다 위로 떠가는 인천행 램프의 불빛
신도림新道林 문이 열리고
나귀처럼 나는
걸망을 메고
잃어버린 것을 찾아 산문을 나선다

제3지대 커피

파라솔 아래, 뾰족한 손톱으로 오일을 바른다
아메리카노 순수 한 잔,
에스프레소 아고라 한 잔,
헤이즐넛 쉼 한 잔,
카푸치노 거품이 넘치고
달콤한 모카가 포개진다
끝없는 수평선만큼 빨대에 바람이 채워진다

스타벅스 사이렌이 울리고
커피처럼 짙은 아이는 갈라진 손톱으로
잎을 문지르며 열매를 깨고 나른다
나뭇잎 하나하나, 열매 하나하나가 돌과 돌이다
엎질러진 학교, 살점 한 점,
등은 빨갛게 익어 분쇄되어 가루로 만들어진다
커피의 고압 속 빠르기에 1달러 눅눅한 땀을 볶는다

보이지 않는 커다란 손이 영점을 조절하고 저울을 단다
1 : 20의 완벽하고 공정한 비례 배분,

지폐가 넘쳐 흘러내리고 검붉은 냄새가 타오른다
입과 코는 마비된 지 오래,
빨대에 꽂힌 구멍 난 커피가 날카롭다

두물머리

두물머리에서 만난 동창
주머니에서 서로의 동전을 꺼냈다

동전은 무엇이든 할 수 있는 자유라는 친구
동전은 굴러가다가 넘어지는 굴렁쇠라는 친구
동전은 기울고 차는 달이라는 친구
동전은 도적과 같은 칼이라는 친구

쾌속정을 타고
바나나보트를 타고
땅콩보트를 타고
속력을 내다가
급커브를 도는 순간, 우린
강물에 빠져 허우적거렸다

구명조끼를 입고
두물머리에서 굽이치는
강을 바라보며,

어느새 우리는
찌그러진 동전을 모아
저 멀리 강물 위로 던지고 있었다

골목에서

골목에서 총소리가 납니다
탕탕탕
대문에서 몸을 숨기고
대문을 열고 들어갑니다

우당탕
인기척이 있나 살피다가
동태를 살피다가
총을 들고나옵니다
대문을 열고 나옵니다

골목에서 총소리가 납니다
탕탕탕
대문에서 몸을 숨기고
대문을 열고 나옵니다

대문을 두고 끝없이
적의 이름을 부르며

숨기고 나옵니다
탕탕탕

지금,
대로는 없습니다
탕탕탕

숨을 죽이고
골목은 나를 응시하고 있습니다

붕어빵

삼십 촉 전구 아래 배를 정박해 두었다
밤새 잡아 올린 물고기는
어망 옆에 식어 간 채 잠들어 있고
창문 없이 달리는 바람은 천막을 흔든다
열두 구비 쇠틀을 돌리며
먼지를 닦고 기름을 붓는다
주전자에 남겨진 육신을 따르고
칸칸이 달아오르는 불꽃에
식어 간 희망을 데운다
심연으로 떨어져 나간 물고기는
고층빌딩 넘어
새가 되어 나는 꿈을 꾼다
포구에 날리는 신문지를 보며
밤의 일기장을 읽는다
갈고리에 건져지는
하루 천 원의 목장갑,
실밥이 터진 사이로 보풀이 인다
방파제로 바람이 불어온다

어구에 채워지는 밤하늘의 비늘
내 혈맥을 타고 내려오는
집어등 불빛이 푸르고 어두운 바다를 비춘다
어두운 곳에서 불꽃은 더 타오르는 것
어둠에 노를 저으며
나는 저 먼 바다로 항해하리라.

마네킹

몸을 단장하고 진열대에 오른다
지나가는 사람들의 눈치를 보며 호객한다
유리막에 헝클어진
머릿결을 손빗으로 빗고
무표정한 얼굴을 반짝여 본다
총총걸음으로 쌓이는 전단지,
엉켜진 도로 위
벤츠의 경적이 푸념을 내뱉고
검은 창문을 열다가 굳게 닫는 신용카드
꼬깃꼬깃한 지폐의 눈길도 나를 외면한다
오늘도 허탕이다
내일이면 다른 방으로
다른 옷으로 갈아입는다
내일의 내일
다음의 내일도 허탕이면 어떡하지
임금이 줄어들지도 몰라
어쩌면, 지하 속 골방으로 감금될지도
손때 묻은 몸을 문질러도 보고

쇼윈도에 줄 맞추어
새 옷으로 갈아입어도 보고
몸뚱이를 거울에 비추어 본다
헝클어진 머리칼
코르셋에 끼인 허리
등줄기에 시침 핀을 떼고
나는 어제보다 높아진 진열대에 오른다

라이더

혈관을 터트리는

아스팔트를 달린다

삼천 원의 기름으로

깜빡이를 켜며

빠르릉 빠르릉

좌회전 우회전 몸을 세우고

사거리의 협곡을 지나

바퀴에 출렁이는 도시를 감는다

냉면 한 그릇,

콩국수 한 그릇의 목젖이,

벨을 누르고

다하지 못한

매미의 울음이

도로변에

소금같이 쏟아지고 있다

어떤 춤

음악이 뽕짝 된다
한 사나이가 두루미처럼 한 발을 든다
하얀 구레나룻이
부천역 나무 광장과 어울린다
비비고 비비는 비빔밥처럼
얼큰한 신명이 붙는다
한 사발의 음악에 실려
눈을 감고 웃는 듯 우는 듯
맨발의 까만 지휘봉을 젓는다
카라얀의 불빛 너머
악보 없는 거리에서
광장의 사계를 쓰고 있다
종달새 오르내리는 봄,
후두둑 떨어지는 후박나무에 장맛비,
창끝을 매다는 찬바람에
관절을 꺾으며 웅크린 밤,
거꾸로 서 있는 거리에서
오랫동안 바라본 별의 발자국,

자기를 잊고 하늘의 소리를 들어 본다
광장의 골짜기 따라
돛을 단 목선이 사계를 읽고
장좌불와, 빨갛게 익은 가을
고추잠자리 떼가 어깨에 붙는다

비워진 그릇

국밥집에서 국물을 마시고 있었다
명함이 붙은 전화가 한 통 걸려 왔다
"학력 좋고 돈 많은 노블레스 회원들도 있고
맞춤형 서비스도 제공합니다"
정체불명의 070 전화,
전화를 말고 국물을 꾹꾹 누르며
건더기에서 육질을 퍼 올렸다
식당 어디선가 연인의 가난한 그리움이
모닥불처럼 타닥타닥 피어오르며
김이 모락모락 났다
옹이 박힌 국그릇에 국물을 얹어 가며
지나간 생을 데워 보았다
구멍 난 작업복으로 찾아드는 냉기
아파트 고공의 밧줄은 오르내리고
밤하늘은 크레인의 기울기만큼 멀어져 갔다
인연의 푸념도
국그릇에 뿌려 보고
김치에 깍두기에 소금을 뿌리며

자유를 오도독오도독 씹어 보았다
멈추어진 시곗바늘,
넘기지 못한
책장과 책장 사이로
밀려오는 뜨거운 김이
비워진 그릇에 담기고 있었다

섬광

철로 위 지하철 스크린 도어에 불빛이 들어온다
창문에 비친 초점 잃은 멍한 시선
종착지 없는 전광판 아래
죽은 꽃대 사이로 시들의 환영이 비친다
쪽방 구들장 위 단락되어 녹아 있는 전기장판
형광등 아래 쿨럭이는 기침
나지막한 천장을 쳐다보며
내 가난한 아버지를 생각한다
취업 준비생 책상 위 막혀 있는 칸막이
창문 없는 독서실의 막막한 한숨
플랫폼을 서성이는
내 가난한 아들을 생각한다
지하역 찬바람 맥 풀린 찬술 한입 문
젖은 벽에서 새어 나오는 소주 냄새
거센 파도 몰아치는
내 가난한 노동자를 생각한다
발굽 닳은 신발을 보며 오르막과 내리막에서
방황하는 비탈길, 부딪치는 비상문

내 가난한 그대 그림자를 생각한다
하루의 무게에 눈뜨지 못하는 새벽별과
허공의 문이 닫혀 비상할 수 없는 날개
삶은 희망의 책갈피를 넘기며
주검처럼 불빛 속에 호명되고
거문고 산조에 시린 가슴 어둠 속에 실려 와
감을 수 없는 뜬눈 이의 밤,
쉼 없이 질주하는 철로 위
섬광이 투명 유리에 하얀 글씨를 써 가며
잃어버린 내 눈을 촉촉하게 밝혀 준다

얼굴 없는 사람

얼굴 없는 사람이 걸어갑니다.
얼굴을 뭉개고 찌그러뜨리는
현대 예술가 베이컨의 후손인가 봐요.
군집 속에서 군중 속에서 더욱
얼굴을 감추죠.
뉴스에, 다음에, 네이버에, 유튜브에,
댓글 속에 얼굴을 숨기죠.
그는 막다른 골목에 다다라서야
개처럼 먹다 남은
밥통을 엎지르고 핥던!
혀의 꼬리를 내리죠.
창조를 위한 접속인가요?
어린 시절 억압의 트라우마인가요
시대에 대한 불안의 트라우마인가요
심리적 리얼리티인가요
사회적 리얼리티인가요
당신의 입과 치아의 근육 속
정형화된 글씨의 외침과 고함,

저는 그런 접속이 푸줏간에 걸린
오독으로 획일화되지 않을까
두려워요.

프로이트 어머니

아흔 넘은 어머니께서 말씀하신다

탑골공원에서 애국가 부르는 사람은
왜정 때 애국하지 못해서 부르는 거다

동창회에서 돈 많다고 자랑하는 사람은
돈이 없어서 그런 거다

세상을 다 안다고 하는 사람은
다 알지 못해서 그런 거고

인정받으려 하는 사람은
인정받지 못해서 그런 거다

꽃을 주고 그리워하는 사람은
사랑을 다 주지 못해서 그런 거다

하늘나라 편지를 보내고

어머니를 자꾸 찾는 사람은
효도하지 못해서 그런 거다

명심하거라
내가 혼이 되면 날 부르지 말거라

어머니는 언제 그 어려운
프로이트 책을 읽으셨지?

세상의 기저귀를 갈아 주고
젖을 먹이며 키워서 그런가 보다

대낮 땡볕처럼
얼굴이 확 달아올라
낮이지 밤이지
부재하는 내 낯이 뜨거워졌다.

허리디스크

괜한 걸 말했나

말하지 말 걸 그랬나

아프다고, 아프다고

공사장

경사면을 오르고

계단을 오르고

더 높은 계단을 오르지 말 걸 그랬나

찜통을 메고

땀을 뻘뻘 흘리며

등을 굽히지 말 걸 그랬나

바르게 살려고 해도

올곧게 살려고 해도

굽어진

내 허리는 늘 삐꺽거린다

고향의 봄

이젠 꽃은 순서가 없다.

산수유
벚꽃
개나리
진달래
철쭉
먼저 피고 먼저 지던 것이

세상이 달라졌다고
와르르 왔다가
와르르
진다

고향에 다녀가는
아들, 딸, 봄, 도

푸른 하늘 은하수

상담 선생님이 한 아이를 데려왔다
동시를 살펴봐 달라고 부탁했다
동요나 동시를 좋아하는
아이를 보기가 힘들어 반가웠다

동시를 살펴보니
TV 트로트 신동처럼
빨간 홍시가 되어
초록빛을 읽을 수가 없었다

목월의 동시집을 보여 주고
마음에 드는 동시에
느낌을 적어 오라고 했다
요즘은 도시나 농촌이나
푸른 하늘 은하수 보기가 어렵다

세상이 너무나 밝아서인가?
아이에게 아직 소식이 없다

오해

벗겨진 피복에 그가 불을 뿜었다 나는 분을 뿜었다
전화기에 보이지 않는 전선은 꼬였고 혼선이 빚어졌다
다시 만나자는 말과 다시 만나지 말자는 말이 꼬였고
전선이 꼬이고 정전이 되고 암흑 같은 밤이 되었다
꼬여진 전선 위로 위로가 안부가 합선되어 흐르고
만나자는 말과 만나지 말자는 말이 비틀거리며
밤하늘을 배회하고
정전의 밤은 길어지고
벗겨진 피복에 비는 내리고

제2부

하루

잠시 후,

−신호 위반과 60킬로 단속 구간입니다

−무단 횡단 사고 다발 구간입니다

−전방에 연속 과속 방지턱이 있습니다

−주정차 단속 구간입니다

산비탈 돌멩이처럼 하루가 굴러간다.

호각

구순 어머니께서
축구를 보시다가
앞에 달려가는 선수를
길을 막고
등을 저래 밀면 되는가
반칙 쓰면 되는가
물어보신다
사글세를 얻으려고
나도 밀려 본 적이 있고
밀어 본 적이 있다
페널티 구역에서
한 집 건너 태클을
걸지 않으려고
가게를 닫은 적도 있고
누군가에게 밀리지 않기 위해
드리블하며
가게를 열어 본 적이 있다
황금색 트로피에 집착한 나머지

옆을 보지 않고
달려가다 보면
패스할 공간을 잃어
누군가를 밀고 밀어
내 마음속 어딘가에
어머니의 호각이 불린다.

오십 원

저물 무렵
전철 바닥에 동전이 굴러갔다
넘어질 듯
넘어질 듯하다가
끝내 넘어지며 선로에 떨어졌다

철길에 떨어진 오십 원 동전,
쓸모없어서 버려진 것인가
독립해서 나온 것인가

그도 그 옛날,
벼 이삭 주우며 농악 울리고
산등성이 올라
달 뿌리 솟아오른
고봉밥 올리며
손이 곳곳에 쓰이는 날이 있었으리라

적재할 수 없는

낮과 밤 낭떠러지에
균형을 잡으며

푸른 밤 떠가는.

ㅁ에 대하여

ㅁ은 엄지와 검지로 나를 키우며
가만가만 세상을 열어 주는
부모님의 문 같다
난 거기에서 태어나
따뜻한 품속에서
쉼 하며 꿀잠을 청한다
엄마가 오일장 다녀오시는 날
문을 열고 나가면
바구니에 보름달이 얹혀 오기도 하고,
때론
그믐날처럼 떠나 버린 슬픔
쓸쓸함과 외로움에도 있지만
상현처럼 부풀어 오르는 웃음에도 있다
고갯길 넘어갈 때
할머니 무덤 곁
하얀 감자
이랑과 고랑을 타고 오는 파도 물결,
그리움에 눈 감으면

맑은 물이 샘처럼 흘러내려
내 맘에 새봄이 돋아나기도 한다.

무명

어릴 적 산길을 걷다가 아버지께

싱그러운 산수유를 보고
꽃 이름을 여쭈었다
'꽃이다'

어여쁜 제비꽃을 보고
꽃 이름을 여쭈었다
'꽃이다'

가시 박힌 아카시아꽃을 보고
꽃 이름을 여쭈었다
'꽃이다'

향기로운 들국화를 보고
꽃 이름을 여쭈었다
'꽃이다'

고개 숙인 할미꽃을 보고
꽃 이름을 여쭈었다
'꽃이다'

아버지는 늘 꽃을 꽃이라 하신다
분절하지 않는 꽃
이름 없는 꽃,
그렇게
평생을 걸으셨다.

여의도 매미

노숙하며 저잣거리를 떠돈다
방송국 계단에
증권 거래소에
초원 아파트에 서성여 보고,
덜컹거리는 마포대교 난간에 매달려
중심을 잡아 본다
금빛처럼 빛나는 63빌딩을 향해
목청을 숫돌처럼 간다
땡볕에 엿가락처럼 휘어지는 가락,
푸르스름한 수년간 자란 땅속뿌리가 뽑혀 간다
한때, 고향 동구 느티나무에서
폭포수에 여름을 씻는 창으로
명성을 얻었지만
이젠 한강의 유속이 빨라져
된장 같은 구수한 아니리도
연인 같은 낭만의 장단도 없다
지금은 잊혀진 영화처럼
바람과 함께 사라진 그의 모습을

기억하는 사람은 아무도 없다
가로등에 걸린
희미한
달빛이 은빛 날개에 스민다.

장롱면허

20년간 옷장에 있었다

택시는
백미러와 룸미러를 보며
빠르게, 느리게
좌우 회전을 하고
멈출 곳을 생각하며
부드럽게 사거리를 지난다

난 운전대를
꽉 잡고
앞만 보고 가
차선변경을 어기고
빨간불을 어긴 적이 있다

살아가는 것도
거울을 보며
완급을 조절하고

시야를 넓히며
부드럽게 핸들을 잡는 것일까?

오늘은
오랫동안 잠자고 있었던
장롱면허를 깨워
집 나간 아내를 데리러 가야겠다

마티스 할머니

그녀는
박스를 접으며 자르고
구겨서, 세상을 컷아웃 한다
중심과 배경을 바꿔가며
새벽과 아침 오후와 땡볕
황혼이 지는 저녁에
도로 위를 모아 자르고
붙인다
그녀의
청색의 얼굴과
단순화를 위한
단벌의 옷은
인공지능과 로봇 시대
지구의 붉은
자전축을 기울인다
인간이 채색한 유화 물감을 버리고
흩어진 삶의 조각
세상의 지문들을 모아

그녀의 주름진 손은

느리지만 부드럽게

붉게 칠해지는

대지의 종이를 손으로 푸르게 감싼다

원을 그리며 손수레 바퀴를 따라

춤을 춘다

태양 빛을 감싸는

그녀의 점묘화

오후의 지문들.

*컷아웃: 마티스가 창안한 종이 오리기 기법

카톡

강물에 던져도
송어처럼 퍼드덕 튀어 오르고

옷장 이불 속
깊숙이 감추어도
빼꼼 문을 열고 나온다

피라미드 파라오 관에 묻어도
압박붕대 풀고
미로 뚫고 나온다

병마용갱
수레바퀴에 깔아 놓아도
북소리 두드리고 나온다

스핑크스가 깜짝 놀란다
아방궁, 진시황이 벌떡 일어난다

양은 냄비

찌그러진 양은 냄비

라면을 넣고 끓여 본다
찌그러질수록 냄비는
따뜻하고 진국이다

나는 찌그러진 사람이 좋다

인생에서 쓴맛과 단맛이
우러나오는
그윽하고 꾸밈없는
깊은 맛이 있다

진국처럼
양은 냄비처럼.

수도꼭지

수도꼭지 손잡이를 틀어
내 피부에 맞추어 본다
일전에 언론보도와
화려한 상표와 광고만을 믿고
청기와 인테리어에서
수도꼭지를 들여놓고
성급하게 찬물을 내려
얼음처럼 굳은 적도 있고
생각 없이 더운물을 내려
화로처럼 데인 적이 있다
이번 수도꼭지를 들여놓을 땐,
조심스럽게 살펴보고
찬물과 더운물을
천천히 돌려 가며
온도를 맞출 것이다
상표와 광고만을 믿고
타인의 입소문만 믿고
구입한 수도꼭지 속에

가끔 녹물이 흘러나와
주변이 더럽혀진 적이 있다
수도꼭지 속,
어쩌면 그것이 더 중요한지도 모른다
오늘은 찬물과 더운물을
천천히 흘려보내며
수도꼭지 겉과 속을 한동안 바라보았다.

이름표

별을 오려 작품란에 달았네
서투른 솜씨에 내 이름표를 달았네

네 자와 다섯 자인 내 이름표는
늘 세 자인 코팅된 이름표에 안 맞아
하느님이 그려 주시는
새하얀 도화지 품속에 다시 들어가
새 이름표를 얻어 쓰네

가끔은 세 자의 이름표에
내 몸을 구겨 넣어
초성이 떨어져 나가
모음의 신발 끈이 풀리기도 하고
종성의 신발이 벗겨지기도 한다네

이중국적인 나는
작품란 귀퉁이로 낮달처럼 밀려 나가
우두커니 서 있기도 하고, 서성이기도 하지만

때로는
세 자인 이름표와 함께
작품란에서
샛별처럼 나타나기도 한다네

클래식

예술의 전당 주의사항을 듣고
무대를 바라보며 브라보를 외치다가
선율에 잠든다
노래방 팜플렛 주소를 누구보다 잘 찾는 그지만,
불금에 오래간만에 초청장을 받은
피곤한 몸에 택배 이 씨는
어두운 눈으로 팜플렛에 있는
어렵고도 격조 높은 주소를 돌며
모차르트를 만나고,
슈베르트를 만나고,
브람스를 만나다가,
베토벤의 큰기침을 듣고 깬다
브라보 위에 두리번거리는 브라보를 외친다

예술이 삶이 되고 삶이 예술이 되는
꿈속의 전당을 돌며

원시

나이가 들수록
쉼표와 마침표 구분이 어렵군
몸살이 들어
조퇴해야 할지
수업해야 할지
내일의 수업을 위해
교재를 보며
쉼표를 찍어야 할지
마침표를 찍어야 할지
눈은 어두워져
인생 시 한 편 쓰고
종지부에
마침표를 찍어야 할지
쉼표를 찍어야 할지
멀리서 보니,
그놈들
쇠똥구리처럼 손잡고 굴러가는
일란성 진행형이군.

오방색 국수

추석
선물 하나

오방색 국수
하롱베이의 섬만큼이나
낯설지만
순수한 손 글씨

선생님 감사해요
어머니 연세가 마녀시죠
저의 어머니도 마녀요

어머니 사실, 한국문화가 바뀌었어요
예전엔 선물을 주고받았지만
지금은 주스 하나도 안 돼요
정성스러운 선물 마음으로 받을게요
감사합니다

선생님 알아요
선생님 국수예요
선생님 어머니, 어머니, 오래 사세요

오방 국수
다섯 가지의 색깔
오래간만에 본 전통색

단아한 한복에 그려진
신명난 탈춤에 그려진

이국땅에서 간직한
오방색

어머니의 입술처럼
오물오물
늙어 간 전통색

상담이 끝난 후,
생각의 긴 국수를 늘여 보며
어머니가 정성스럽게
만들어 주시던
어릴 적
오방색을 반죽해 보았다.

너를 기다리는 노량진이 좋다

저녁 하늘 먹구름이 젖은 무게에
짓눌려 모양이 일그러진다

왼손에 컵밥, 오른손에 수험서
좁은 길로 들어가는 발걸음
뒹구는 뭉쳐진 종잇조각, 환경미화원의 빠른 손놀림
어디론가 빨간 불을 켜 가며 황급히 달려가는 구급차,
뒷모습을 바라보다가
볼펜대가 우르르 쏟아졌다

강 건너 시청,
1호선 철길 따라 황홀이 다가오는 야경,
한강이 흐르는 나루터에서
아직 오지 않은 너를
기다리는 노량진이 좋다

염

얼굴을
닦고
손을
닦고
몸과
팔과
다리를
닦고
수의로
갈아
입히고
가족을 보낸다

짧은 시간에 긴 시간을 묶는다

조용히
혼자
남아,

남은 자와
혼자
남은 자가
홀로
대화한다

오랜 염念을 한다.

안나푸르나 가는 길

더 이상 서로의 창끝을 겨눈 깃발이
펄럭이지 않는 무한천공
밀주창을 한잔하며 결기를 다져 본다
고도 4,000m
가쁜 숨을 몰아쉬며 박동하는 심장
암능지대를 지나고
한 평의 고단한 짐을 지고
강가푸르나를 지난다
끝이 보이지 않는 앞날의 좁은 길
협곡을 가로지르는 흔들다리
흰색 룽다가 거센 바람에 파열음을 내며 나부낀다
웅장한 산일수록 먼 곳이 가깝게 보이는 법
내 안의 신이 당신의 신께
두 손 모아 인사드리며
한 그루의 나무도 살기 힘든 척박한 땅,
룽다의 깃발 소리를 듣는다
산장을 이어 주는 길을 버리고

위태로운 나무다리를 건너
이제 고도를 올려야 한다
노새가 먼저 떠나고
나는 그 뒤를 걷는다
고도가 높아질수록 눈보라는 거세다
만년설을 스치는 고요
어둠이 내려온다
할 수 있다고 믿는 사람과
할 수 없다고 믿는 사람이
함께 오르는
달빛조차 시린 저 설산.

* 고교 동문 채형식 선배님의 안나푸르나 등정을 떠올리며 쓰다.

수목

어머니,
당신을 그리다
부르다 이름을
새겨 놓고
슬픔 하나
심어 놓고
왔습니다

오늘 밤
별 하나
은하수 따라
자라날 것 같습니다.

제3부

밑줄

당신에게 줄
하얀 공책에
밑줄을 그었습니다
당신이 다가올 것 같아 밑줄을 그었습니다
밑줄을 긋고 그었습니다
당신을 떠올리며 밑줄을 그었습니다
또렷이 떠오르던 길이
한순간,
장님이 되어
까만 밤이 되어
길 위에서
당신을 잃어버렸습니다

양수가 수액처럼 흐르던 날

밤늦게 운동을 마치고
방문을 열어 보았다
작은 소쿠리에 고구마가 담겨 있었다
오늘은 지금까지 보아 왔던
고구마와는 사뭇 다르게 보였다
모세혈관처럼 갈라진 실금 주름
움푹 패 얽은 상처 자국
낫같이 휘어져 오그라진 등줄기
허물어진 모래성처럼 내려앉은 힘없는 어깨
초가 되어 가는 감같이 허물거리는 속살
마른 껍질 위엔 얼룩져 있는 저승 반점
어린 시절 보았던
홍안의 자색고구마는
생기 있고 윤이 났지만
검은빛 핏기 없는 창백한 고구마는
붉은빛이 바래 있었다
배고프고 잔병 많던 어린 시절
자식을 위해 남겨 둔

붉은 보랏빛 머금은
자색고구마는 이젠 볼 수 없었다
줄기의 탯줄로 양수가 수액처럼 흐르던 날,
정성과 따사로움을 잃지 않은
온기만이
눈망울과 뺨을 타고 내려와
내 가슴에 한없이 잠들어 있었다

별 눈

새벽 별빛 마시며 세상 쓸고 비탈길 담아 오시던 날,
아버지는 가로등 불빛 창고 아래 손수레를 들어 올려
세상을 부으셨다
취기 오른 막걸리 페트병이 찌그러진 채 뒹굴며 나오고
술 냄새 찌던 소주병도 굴러 나왔다
병들 이젠 그만 닦고 모으세요, 그것 얼마나 된다고…
푸념의 화살을 페트병에 꽂았다
터진 병 속 화살촉 사이로 오물과 분뇨가 흘러나왔다
아서라, 돈이 전부는 아니다
세상은 매일 씻겨 줘야지
분뇨 묻은 병을 닦으며 광주리에 분리하다 역겨워
코를 막고 뛰쳐나간 누나와 나,
정성껏 담아두는 오물 묻은 아버지의 작은 손이
오늘 빛바랜 사진 속에서 유달리 커 보였다
아버지는 쑥과 마늘을 오랫동안 드셨나 보다
어두운 곳에서 별빛을 오랫동안 마셨나 보다
세상을 맑게 닦아 주신 하늘나라 환인 옆
별 눈,

오늘 밤 서늘한 구름 사이로 더 반짝였다

확진

3일 전, 방문 요양보호사 확진으로
어머니도 코로나 확진이 되었다

관상 동맥 심장 우회 수술
척추 골절 수술 2회
안면 마비
당뇨와 고혈압
구순의 나이
위험인자를 모두 갖추었다

입원 후 어머니와 통화를 하였다
"여기 오니까 마음이 편하다
밥맛도 있고 반찬이 입맛에 맞다
그러니 걱정하지 말거라"

어머니는 수술실에 들어가실 때도
늘 괜찮다고 하신다
스무 살에 시집와서

화장품 외판원, 바느질시다, 떡 장사, 청소부
…하시면서
고비를 넘기셔서인가?
큰 수술마다 죽음의 고비를 넘기셨다

엘리자베스 여왕 서거 속보가 떴다
해가 지지 않는 나라에서
재위 기간 70년,

자막에 어머니 휠체어가 물결을 이루며 어른거린다

성모병원

어머니
계신 곳

밤하늘 계신 곳

하느님
가슴속
별 하나 얼어

눈물 감추신 곳

앞차

눈 오는 날
앞차를 놓쳤다

기다림을 싣고
앞차는 가 버렸다

빈 벽에 걸려 있는 달력,

요양병원
정거장
의자에 앉아
눈가에 시린
앞차를 바라본다

설국에
눈꽃이 피고

명당자리

내 손을 펼치면
내 고향 오봉산이 그려진다

밭고랑의 손금이 실개천처럼 흐르고
두툼한 밭이랑과 두둑 위
실핏줄 이어진 산길 따라
주봉에 할아버지
오른쪽 검지에 할머니
왼쪽 약지에 아버지
소지에 어머니

진달래 화전
산까치 피는

키 작은 엄지엔
내가 묻힐 푸른 이불

새벽에

새벽 공기가
밤 이불 사이로 고개를 내민다
잠든 도시
시계는
숨을 죽이고
존재자들은
고배율로 확대되어
시야 속으로
달려온다
보이지 않았던
달력의 얼굴
보이지 않았던
시계 초침의 흔들림
보이지 않았던
내 마음의 주름살까지도
차가운 밤공기와의 접촉 속에
하나둘씩 인화印畫된다

키 작은 심지

37번 여주 국도
외기러기 서녘 하늘로 날아갔습니다.

국화 향 퍼지는 사십구재 법당,
여섯 살 여자아이가
영정 앞에서
몸부림치며
울고 있었습니다.
"엄마한테 갈 거야"

하얀 꽃잎이
하관처럼
아미타불에 일렁였습니다.

노스님은 잠시
염불을 멈추고,
촛물로 가득한 촛대에
바람에 꺼질 듯

흔들리는

키 작은 심지를 일으켜 세우며

젖은 눈망울에

촛불을 밝혔습니다.

모래 위 지렁이

장대비 쏟아진 오후, 하늘에서 잃은 다리
상처받은 몸을 이끌며 사막을 걷는다
눈부신 태양에 실명한 지 오래
땅으로 떨어지는 콕콕 찌르는 바늘에
눈감은 슬픔을 덮으며 간다
내리쬐는 따가운 햇볕이
내 부드러운 피부를 막을 때,
날숨과 들숨으로 부목을 받치며
길어진 몸을 움츠렸다 펴 가며 삼보일배한다
내 몸은 대지가 되고
몸을 웅크리며 어찌할 수 없는
시듦은 피부로 스며든다
협곡에 떨어진 관절은 백팔 염주가 되어
바퀴 없는 빈 수레를 끌며 굴러가고,
눈의 장막은 어둠을 부수며
귀의 진공은 고막을 뚫어
관음觀音의 소리를 듣는다
천 개의 다리와 천 개의 눈은 있으나

태양에 가려져 있을 뿐,
골짜기를 따라 부유하는 그늘을 찾아
거친 모래 닦으며 붉어져 가는 순례길

마지막 편지

환아,
고교를 졸업하고 이게
몇 년 만이냐
통화 줄을 놓지 않고
우린 얘기했지
나는 수업을 잊고
너는 회사를 잊고

너의 소식 가을바람으로 들었다
청천벽력 4기 말이라고
내 마음 소낙비 내려
너에게 조그마한 편지를 썼지

너와는 추억이 많아,
냇가에서 고기 잡고
태어나서 처음으로 너의
집 살구 맛을 보았지
살구꽃 피는 따뜻한 봄과

너의 여름의 악장만큼 풍성한 그 맛
난 그게 잊히질 않아
생각하면 목이 메어 온다

수술 잘하고 많이 나았다고 했잖아
모임 때 보자고 했잖아
옆집 섭이도 오랫동안 같이해서 마음 아플 거다
외동딸 있다고 들었다
조금이라도 위로해야겠다

꼭 가 봐야 하는데 구순 어머니께서
몸이 안 좋으셔서
너의 길을 배웅하지 못해
죄스럽다

잘 가 환아,
내 불알친구야 이 촌놈아

천공天空

해운대에 별
하나가 떠 있었다
별이 홀로 나와 있음은
밤바다 파도의
포말泡沫을 하얗게 비추게 함이라
수평선 저 너머로
추억의 궤적을 그리며
등대가 점멸하고
검은빛 바다 파도 소리
희미한 상처, 추억의 그림자
도시의 불빛이 힘을 잃어 가며
깊은 밤하늘의 시간과 공간이 펼쳐졌다
별은 홀로 나와 있지 않았다
내가 보지 못한 여러 뭇별이
타자가 되어 서로를 비춰 주고 있었다
세상은 홀로 있음이 아니었다
둘, 셋, 넷…… 깊이 바라보면 볼수록
밤하늘엔 다함이 없는 많은 별,

서로를 잃지 않기 위해 손을 잡고 비추고 있지 않은가?
그 위로 낙원을 향해
내 마음의 불빛은 비행하고 있었다
천공의 밤은 비어 있음이 아니었다
함께하고 있음이었다
부서지는 파도,
거룩한 등대,
추억의 별,
서로의 별을 비추며……

게이트볼

울퉁불퉁
잔디를 굴러간다

느릿한 걸음으로
선정禪定에 든다

자본의 수렵 생활을 마친
골프처럼 무거운 가방은 없다

작은 가방
생수 하나

일주문과 불이문不二門을 통과하며

이따금
죽비를 받고

새벽녘

동트는

저 붉은

공空

한 노인이 걸어가고 있다

파도의 불꽃

소라는 이국에서 왔다
두꺼비 손으로 모래와 조약돌을 모았다
모래로 성을 짓고 조약돌로 돌담도 쌓았다
조약돌에 묻어 있는 고동 소리

모래성 위 물결선을 그려 보고
시를 쓴다

부표에 걸려 넘어지며 끊어지는 파도의 언어
오똑한 콧날에 백옥같이 밀려드는 포말의 하얀 피부
푸른 눈동자를 가진 바다의 엄마에게
갈매기 소리를 띄운다

부우- 부우- 부우-

밀려드는 파도의 불꽃,

부서지는 포말,

파도의 모음에

머나먼 우크라이나를 그려 본다.

가을날의 수채화

각자의 위치에서

각자의 색깔을 가지고

마주하니 그 얼마나 아름다운가!

색깔의 그라데이션

색깔의 스펙트럼

색깔의 어우러짐으로

북한산 주봉柱峰 정상 아래

암벽 사이사이마다

이른 가을 새색시처럼 빨갛게 물든 단풍

산 중턱 여기저기

흐르는 골짜기 옆

물 한 모금씩 머금고

둥글게 서서

고운 빛 윤기 어린 자태를 뽐내고

계곡에서 내려오는

시원한 바람 오선 위로

단풍은 가는 붓으로

전주곡을 울리고

고운 중간 붓으로
화음을 넣고
어디가 시작이고 어디가 끝인지 알 수 없는
곱게 물든 얼굴 윤곽,
바람의 칼날에
부딪쳐 내려도
정상에서 골짜기까지 서로의 소식을 전하며
미처 다하지 못한
살아온 지난 이야기

신화랑

배를 타고 떠나 본다

새벽종이 울리고
너나 나나 근면했던 새마을,
필터 없는 독한 배를 타고
충무공의 후예들은 거북선을 앞세우고 전진했다

가끔은
문화강국인
청자를 싣고
온 배가 있었지만
높은 파고로
세월의 풍랑으로
그 배는 해저에 묻혔다

지금은 필터 있는
아니 필터 없는
전자를 담은 배들이

어두운 회사 앞 골목길에서
뭉게뭉게 줄지어,
누구든 섬기지 말며
믿지 말며
가려서 살리며
절대로 물러나지 말자고
세속의 오계를 되뇌며 맹세하는 신화랑

나부끼는 깃발의 배들은
금지구역에 선 불안 속에
내 항구 속에 연기처럼 흩어져
심해로 빠져들어 가 오롯이 남을 것이다

길상사

가을바람
도심의 산사山寺

작은 연못

연꽃 위에 울리는
풍경 소리

나무 의자 하나

마음 빈 언저리에
그어 보는 밑줄

제4부

손톱을 깎으며

또각또각
손톱깎이로
모난 손톱을
반듯하게 깎다가
살을 파고 들어가
상처를 주었다

나는
누군가의
마음속에
파고 들어가
모난 손톱을 반듯하게
깎아 주진 않았는가?

먼 산

멀리
있는 산을 보면
앞에 서 있는 산보단
뒤에 서 있는 산이 좋다
자기 모습이 다 드러나지 않는
묵직한 산,
하늘과 이야기하는 산,
나는 그런 산이 좋다
앞산에 가려 제 모습이 다 보이지 않아도
찬비 내려 어둠이 밀려와
하늘과 맞닿을 때도
키 작은 산들을 포근히 다독여 주는
흐려진 산자락 치마 입고
갈바람 부는 앞산 비단옷 입혀 주는
넓은 품을 가진 산,
무서리 내리는 날
온몸으로 북풍 막아 주며
하얀 눈발 머리에 이는

고목 쓰러지며 전율하는 날
흙비 맞으며 오돌오돌 떨고 있는 별과
어린 동산 이불 덮어 주며 잠재우고
새벽 허리 굽은 산등성이 일으키며
눈물 보이지 않는
먹구름 걷어 내며 하얗게 솟아오르는
하늘을 노래하는 산,
나는 그런 먼 산이 좋다.

외양간 옆 옛이야기

　외갓집 외양간 옆 쇠죽간 아궁이 볏짚에서 피어오르는 군불 내음, 외할아버지 거친 주름진 손에서 왕겨가 넣어지며 옛이야기 흐른다. 호랑이 울음, 삼신할매 고함에 오금 저려 가며 타닥타닥 튀는 왕겨, 가마솥 소죽 내음 돌고, 풍구 돌아가는 필름 끊이지 않는 시네마 천국이 상영된다. 드르륵드르륵 영상은 낡고 오래되었지만, 내 눈에 삼신할매는 서낭당 우물 옆에 분명 살아 있었고 참기름 발린 썩은 동아줄 아래 호랑이 검은 눈물 굽어보며 별순이와 달순이는 밤하늘에 떠 있었다.

왕겨가 뒤척여지면,
사그라진 한 줌의 재는
아궁이의 반짝이는
별 밭 속에 다시 피어오르고,
잃어버린 내 영혼의 불씨는
외할아버지 옛이야기 줄에 엮여져

풍구는 차가운 도시 밤하늘을 감싸며 돌아가고 있다

석양의 잔

그대 쓰디쓴 헐, 석양의 잔에 따르리

한 번의 실수는 병과지 상사
어둠에 잠기는 생의 길
완성이 어디 있으랴
미완성이기에 노을은 아름다운 것

유성처럼 말없이 지나가는 세월,
어둠 속 우울이 붉게 흘러내려
중심을 잃어 비틀거려도

그대 유리잔의 헐,
포도주 무르익는
저 석양의 잔에 따르리

잡곡밥

어머니는
당뇨가 있어
쌀밥보단
알록달록한 잡곡밥을 드셔야 한다

어느 날 서랍을 열어 보니,
척추관절
심장혈관
흉부외과
내분비 내과
알약이 모여 있었다

소화가 안 되는
내 눈에
붉은
잡곡밥이
빨갛게 모여들었다.

고목

내 그림자가
너의 그림자보다 클 때,
한 손으로 한 뼘 두 뼘
너의 가슴을 재어 보았고
마음 줄로 한 아름 안아
한 팔 두 팔 너를 재어 보았지

내 그림자가
너의 그림자에 덮일 때,
내 손은 작아지고
내 마음 줄은 비늘로 덮여
너를 잴 수도
너를 품을 수도 없구나

허공에 채워지는 밀물과 썰물
우듬지 위 뿌리 깊은 섬 하나

연탄

새벽까지
하얗게
뜬눈으로
겨울밤을 지새우는 연탄은
제 몸을
태우고
자식을 부둥켜안아
체온을 전한 후
아래로
아래로
몸이 부서지고
백발白髮이 되어 잠든다

이방인

초승달도 아닌
상현달도 아닌
보름달도 아닌
하현달도 아닌
그믐달도 아닌

차가는 달
기우는 달

태초

태초를 알려면
지는 자리에 가 보라
아니, 사라지는 끝자리에 가 보라

꽃 피고 꽃 지는
열매 맺고 열매 지는
바람 불어 하얀 커튼 날리는 날
침묵이 흐르는
수평선 등줄기 은빛 파도 숨 멈추는
푸른 잎새 젖줄 이슬 맺히는

저녁노을 어둠 묻히는
밤하늘 은하수 나의 별이 지는

물레방아

새재 관문 가는 길옆
돌담을 더듬어 올라가는 이끼,
방아채 없는 물레,
세월의 끈을 놓친 걸까?
골짜기의 물은
긴 수로를 따라 바퀴에 흘러내리고
바퀴는 철커덕철커덕
느린 걸음으로 원을 그린다
산자락을 당겨 옆으로 흐르는 물의 궤적,
한 칸에 채워진 물은
주저 없이 비우고
다음 칸도 미련 없이 비운다
누름대와 방아채가 교차하듯
삐걱거리는 생의 낙차에
바퀴는
고독을 넘겨주는
사자使者의 명부에 잠시 머물 뿐,
엉기는 물을 가다듬고 절벽을 일으켜 세워

정상을 향해 허공을 담는다
부챗살처럼 흩어지는 물줄기,
생의 바퀴는
동력을 얻어 힘차게 돌아간다

비석

어머니,
윤동주가 북간도의 별을 셀 때
나는 이 도시 밤하늘에서
별을 셉니다
별이 떠나기 전
별을 세지 못하였습니다
이제야
별이 지고 난 후
별이 남겨 놓은 별을 셀 수 있을 것 같습니다

별을 세며
내 손에 담을 때
내 손이 얼마나 차가워져 있었는지
별을 세며
내 눈에 담을 때
내 눈이 얼마나 멀어져 있었는지
별을 세며
내 귀에 담을 때

내 귀가 얼마나 거칠어져 있었는지,
별은 따뜻했지만 내 손은 차가움으로
얼어만 갔습니다
별은 밝았지만 내 눈은 무뎌짐으로
캄캄해져만 갔습니다
별은 고요했지만 내 귀는 아우성으로
거칠어져만 갔습니다

부끄러움을, 용서를, 그리움을,
땅속 깊이 묻어 두려 하지만
별빛만은 지울 수가 없었습니다

어머니 오늘,
하늘의 별이 땅으로 내릴 때
내 비석悲石 위
별빛이 가을비와 함께 내립니다

고흐

강물이 열리고 광염의 화살이 날아간다
하얀 깃발이 찢긴다

하늘 위로 날아가 불은 물을 건널 수 없다
땅속 깊이 날아가 물은 불을 건널 수 없다
의자가 뒹굴어 앉아야 할 의자가 없다
나무가 타 버려 품어야 할 나무가 없다

사각 기슭에서 굴러오는 사금파리
거울 속 거울이 없다

별이 빛나는 생레미의 밤
하늘에 맞닿은 사이프러스 심장으로 파고드는 불꽃,
밀밭에 휘몰아치는 폭풍을 이고
갈림길은 흩어지고 모이고
해일처럼 달려간다
생의 닻줄이 끊어져 닿을 수 없는 지평선

조율되지 않는 날개로 힘차게 나는 까마귀

뼈만 남아 나부끼는 하늘에,
곡비가 노을의 휘장을 펼친다

현대미술관에서

주어진 이름을 거부하고
존재의 근원을 찾아
아담의 목소리를 듣는
너는 숭고,
뿌리를 알 수 없는
아버지 찾기보단
끝없는 해석을 찾아
떠나는
너는 시뮬라크르,
동일성과 재현의 추적을 따돌리기 위해
끊임없이 탈주를 시도하는
너는 빠삐용,
변기와
박스와
먼로의 사진을 가지고 나와
아우라와
예술의 경계를 허물기도 하지.
세상은 가상보다 더 가상적인 디즈니랜드와 같은 곳,

자본과 공모해
기호를 소비하기도 하고
너는 너를 극복하기 위해
육감의 촉수를 가지고
영매처럼
너의 얼굴을 지우고 짐승처럼 울부짖으며
보이지 않는 것을 보려고
존재 체험을 하지.

사향師香, 그대의 떠남은

오늘은 현관 옆 모란꽃이 진 자리에
서설이 내렸습니다

교정에 노란 산수유 하얀 목련이 피고 지고
벚꽃이 피었다 흩날리며 봄이 지듯이
당신의 야윈 어깨에
눈꽃이 날아와 앉았다 머물다 가면
당신의 눈주름 가에 이슬이 맺히겠죠

어느 해, 3월
당신은 푸른 교사의 꿈을 안고
앳된 얼굴로 첫발을 내디뎠죠
고운 손으로 흑 칠판 위 백묵으로
'배려하고 사랑하자'를 썼고
맑은 음성으로 '참되어라 바르거라'
훈화했던 바른 생활 시간
아이들과 마주침,
재가 된 마음의 하얀 조개탄 갈며

교실 창문 옆 양철 굴뚝에서 퍼져 가는
창밖 하얀 연기를 바라보며
가난한 아이, 상처받은 아이, 배우지 못한 아이를
염려하며 어루만져 주고
손과 발이 되어 보살피며 걸어온 길
그 길을
걸어온 지 40년이 지났습니다

열병으로 쓰러진 아이 등에 업고
애타는 마음으로 보건실로 달려가며
이마에 식은땀과 안도의 눈물
이슬로 송골 맺혔고
어느새 곱디고왔던 손은 둔탁해지고
거칠어져 갔지만,
그 발걸음과 그 손은 따뜻하였습니다
사랑과 온정의 보살핌으로
아이들을 베풂의 커다란 손으로
키워 주신 당신,
당신을 존경합니다

밀려오는 업무에 지쳐 잠들어 있는
후배를 담요로 데워 주고
힘들어하는 후배의 가쁜 호흡을
깊은 심호흡으로
진정시켜 주고 달래 주었던 당신,

붙잡으면 저만치 달아나는
뜻대로 되지 않는
내 마음 몰라주는 야속한 교육의 길에
실망과 허탈과 좌절의 늪에 빠져 있을 때
"기다려 조급해하지 마, 잘될 거야
시간이 지나면 사랑이라는 걸 알게 될 거야"
용기를 준 당신,
당신은 향기로운 사람이었습니다

풍금을 치면 전주와 간주가 있듯이
연극에 막이 있음은
새로운 시간과 공간을 마련하기 위함이듯이

떠남은 슬픔이 아니고 새로운 시작입니다
떠남은 잠시 호흡을 가다듬고
삶의 아름다운 하모니를 만들어 가는
마침표가 아닌 쉼표를 가진 진행형 음표입니다

이제 지나간 시간은 추억 속에 묻히고
사랑은 그리움으로 채워지겠죠
그대의 고운 마음
사향의 향기는 교정에 채워지고
사랑과 배려,
참교육의 기도,
당신의 온정溫情의 기도는
남겨진
우리의 기도로 남겠죠

존경합니다
사랑합니다
행복하세요

처마 밑 고드름

저 얼음꽃들
좀 봐
마음
꽝꽝 언 채
거꾸로 매달려 있어

처마 밑
곶감처럼
한 실에 꿰어져
줄줄이
옆으로 나란히
달려 있네

기와 속
숨겨진 비밀
오금
저
린

채
검은 눈물
한
방
울
두
방
울
토
옥
토
옥
떨구고

회초리 든 햇빛에
이실직고 반성문 쓰며
거짓된 몸
깎

고
연결고리 문
풀
고
식은땀
흘
리
며
처마 밑에서
투
욱
투
투
욱
투……

이웃사촌

퇴근 후,
엘리베이터를 탔다
자동문이 열리고
고개 숙인
핸드폰이 인사를 했다
예전보다 부은 얼굴,
서로의 단추를 잃어버리고
우리는
30층까지 올라갔다

4층과 5층인
그와 나는

지팡이

구부러진 허리 속에 나이를 옮긴다
팔을 저으며 걷는 보폭은
몰아쉬는 숨소리마다 다르다
껌뻑이는 형광등
풀풀 날아오르는 실밥
감치고 공그르다 졸리는 미싱에
실패 풀어 박음질하고
골무 끼고 솔기 맞추며
굽어진 등 따라
삶의 능선 한 올 한 올 이어 온 지난날,
좁은 골목길 오가며
시선은 어두워졌지만
걸어온 길과
가야 할 길 재어 보고
구겨진 길 펴
마름질해 가며 땅을 가볍게 두드린다
설광雪光 위에 쌓이는 숨을 몰아쉬며
둘이서 걷는다

공원 벤치에 흩어지는
설해목의 그림자,
느릿한 호수 물결 위 하얀 입김이 차오른다

간이역

1991년 청량초교에서 출발하여
-면북초-숭곡초-성수초-창도초
-삼선초-세곡초-오류남초-개웅초교
간이역을 지났습니다

간이역은 아름다웠습니다

어둠을 밝히는 간이역
따뜻한 난로를 피워 둔 간이역
차가운 손을 어루만져 준 간이역
작별의 손을 흔들어 주는 간이역

작고 소박했지만 묵묵히
저마다의 향기를 지니고
푸른 꽃씨를 심고 가꾸고 있었습니다

이제 종착역이 다가오네요
나 또한 종착역에서

그러한 간이역이 되어
아름답게
손님을 맞이할 것입니다

하늘 로밍

오늘 당신을 잊고
카네이션을 샀습니다
벽에 걸려 있는 조화
당신의 꽃을
화병에 꽂아 봅니다
곡진 등 사이로
그림자와 향기가
생화의
화병에 한울씩 스며듭니다
공항에서 내리던 날
어머니, 당신은 이국
먼 곳에 가 있었고
난 집으로 향하고 있었죠
하노이에서
로밍이 안 되는
서툰
당신의 목소리를
들을 수 없었습니다

불 꺼진

핸드폰을 열고

공항에 주저앉아

하얀 캐리어를

바라보며

돌아가는 어머니의

목소리를 들어 봅니다

수의를 갈아입는

5월

푸른

봄날에

여명黎明

동트는 해운대
부표 없는 겨울 바다

새벽 별빛 부서져
금빛으로 너울대며 산화하는 바다
수평선 멀리 작은 고깃배
은빛 비늘 가르며 만선의 소리 없는 아침을 연다

달맞이 고개
달려온 천 리 길,

정열의 여름 바다 식혀 간 갈매기 울음
해안가로 밀려드는 하얀 군상,
서리 찬 파도 마시며 누구를 기다리나
맨발의 백사장 얼굴 시린 고운 모래여!

하늘의 눈동자를 열어 주는

은빛 물결 위 오색의 향연

나는 시를 이렇게 썼다
하이데거의 「예술작품의 근원」을 읽어 보며

김정식(시인)

　하이데거는 물질이 넘쳐나는 이 시대는 풍요로워 보이지만 '궁핍한 시대'라고 한다. 그 이유는 '존재자'에게서 '존재'가 빠져 달아나 버렸기 때문이라고 한다. 하이데거는 '있음'이란 단어를 존재자, 존재로 구분한다. 존재자는 세상에 의해 이미 규정되거나 구분된 것, 즉 전재적前在的인 특징을 가지고 있다. 이에 비해 존재자의 개념으로 해명될 수 없는 그의 '있음' 전부를 존재라고 한다. 존재는 존재자를 포함하지만, 존재자로 규정할 수 없는 모든 것이다. 비유하자면 칸트의 '물자체' 혹은 라캉의 '큰사물'에 해당하는 '있음' 그 자체다.

　하이데거에 따르면 세계를 바라보는 방식이 과학적이고 이성적인 눈으로 보는 방식(존재자)에 이 있는가 하면 예술적인 시선, 문학적 시선으로 바라보는 방식(존재)이 있다고 한다. 이 두 가지 세계는 교차하는데, 예술적 방식이 과학적이고 이성적인 눈으로 보는 방식보다 일차적이고 근원적인 방식이라고 한다. 즉 사물은 어떤 보편적이고 추상적인 대상으로 먼저 존재하는 것이 아니라, 생활 경험에서 나와 도구적 연관, 의미적 연관 속에서 먼저 존재한다고 한다.

하이데거가 말하는 도구적 연관이라는 말은 우리가 흔히 생각하는 연장의 의미라기보다는 손으로 어떤 것을 파악할 수 있는 문화적 구조라 할 수 있다. 나무가 내 삶의 문화적 구조 속에서 내가 밥상으로 사용하면 밥상이 되기도 하고, 책상으로 사용하면 책상으로, 의자로 사용하면 의자가 될 수 있다. 기호도 하나의 뜻만 있는 것이 아니라 그 맥락에 따라서 다르게 사용될 수 있는 여러 가지 다양성이 있다. 금성과 샛별은 같은 대상을 지칭하면서도 우리는 다른 콘텍스트에서 다른 의미를 부여하면서 산다. 그 의미를 부여하는 세계가 도구 연관의 세계이고 의미 연관의 세계다. 다양성을 빼고 추상화하여 하나의 본질을 추구했던 사물 이해가 과학적이고 이성적인 눈으로 보는 눈앞의 존재 방식이라고 할 수 있다.

인간 주체도 마찬가지다. 데카르트의 코기토처럼 주변의 상황과 세계와 관계없이 고립된 나, 불변의 실체가 아닌, 또 칸트처럼 나와 동떨어진 대상만을 인식하는 나가 아닌, 외부세계와 역동적인 관계를 맺으면서 끊임없이 주변 상황과 도구 연관, 의미 연관 속에서 염려하고 걱정하면서 살아가고 있는 시간적인 존재로 보고 있다.

하이데거의 사물 이해 방식은 칸트와도 다르고 헤겔과

도 다르다. 칸트의 사물은 시간성을 배제한 주관적인 어떤 체험이면서도 객관성을 지향하는 대상 그 자체(책상, 나무, 돌, 의자, 산 등), 이성적인 사물 그 자체로 본다. 헤겔의 사물은 내가 경험하고 지각한 것 주관성에 근거해서 사물을 이해한다. 하이데거의 사물 이해는 주관성과 객관성을 포함할 수 있는 기존에 있는 소재나 자료를 가지고 자기 나름대로 어떤 독창적인 아이디어로 뭔가를 만들어 내는 다시 말해, 전통을 이어 가면서 새롭게 해석해 가는 시간적 역사성을 가진 사건성, 도구성으로 바라본다.

　도구적 사물 이해를 통한 예술작품 이해를 돕기 위해 하이데거는 반 고흐의 〈시골 아낙네의 구두 한 켤레〉를 예로 든다. 예술작품은 누구의 구두도 아닌 구두 자체를 대상으로서 객관적으로 묘사하는 것이 아니라, 어떤 쓰임새, 어떤 사람에 의해서 어떻게 쓰이고 있는지 쓰임새 속에 들어와 있는 것들을 표현해 내는 것이 예술의 기본적인 기능이라고 하고 거기에 진리의 장소가 있다고 한다. 이때 쓰임새는 나에게 유용성에 입각해서 이익이 되는 이해관계와는 무관하다. 어떻게 보면 개별적인 도구로 남아 일상적인 세계에서 비일상적인 세계로 전환하며 드러나는 감동성에 있다고 보아야 할 것이다.

　하이데거는 언어를 '존재의 집'이라고 한다. 여기서 하이데거는 정보전달의 언어, 대상으로서의 언어, 추상화된 언어보다는 어떤 사물이 부각되는 매개체로서의 언어 사건에 주목하고 있다. 언어를 통해 세계에 의미 부여를 함으로써 존재에 참여하고 존재 바깥을 벗어나지 못하도록 끊임없이 존재를 나름대로 이해하고 소화하면서 그 존재 속에 들어가서 존재를 돌보는 마치 양치기와 같은 존재를 예술가, 시인으로 생각한다.

가령, 김춘수 시인의 「꽃」에서 내가 그의 이름을 불러 주기 전에는 그는 다만 하나의 몸짓에 지나지 않았다. 내가 그의 이름을 불러 주었을 때 그는 나에게로 와서 꽃이 되었다. 내가 이름을 불러 주기 전에 나에게 추상화되고 양화된 과학적 대상으로 존재하는 주어진 존재자, 몸짓이 아니라, 내가 꽃에 관심을 두고 언어로 명명할 때 의미 연관의 세계로 꽃이 나에게 새롭게 경험되는 순간에 진리 사건인 존재로 드러나는 것이다. 기존의 언어를 내가 차용하면서도 그 언어를 내 콘텍스트에 맞게 새로운 의미를 부여하는 것이 존재사건, 언어 사건인 하이데거가 말하는 시 짓기 Dichtung이다.

훌륭한 예술작품이 되기 위해선 도구 연관 의미 연관 속에서 새로운 것이 드러나고 많은 사람에 의해서 기억되고 해석되고 보존되어야만 한다.

하이데거의 시 짓기의 관점에서 발표된 시 두 편을 소개할까 한다.

붕어빵

삼십 촉 전구 아래 배를 정박해 두었다
밤새 잡아 올린 물고기는
어망 옆에 식어 간 채 잠들어 있고
창문 없이 달리는 바람은 천막을 흔든다
열두 구비 쇠틀을 돌리며
먼지를 닦고 기름을 붓는다
주전자에 남겨진 육신을 따르고
칸칸이 달아오르는 불꽃에
식어 간 희망을 데운다
심연으로 떨어져 나간 물고기는
고층빌딩 넘어
새가 되어 나는 꿈을 꾼다
포구에 날리는 신문지를 보며
밤의 일기장을 읽는다
갈고리에 건져지는
하루 천 원의 목장갑,
실밥이 터진 사이로 보풀이 인다
방파제로 바람이 불어온다
어구에 채워지는 밤하늘의 비늘
내 혈맥을 타고 내려오는
집어등 불빛이 푸르고 어두운 바다를 비춘다
어두운 곳에서 불꽃은 더 타오르는 것

어둠에 노를 저으며

나는 저 먼 바다로 항해하리라.

— 월간 『우리詩』 2025년 1월호

  붕어빵은 길거리 노점상에서 파는 붕어 모양의 간식 풀빵이다. 쇠틀에 밀가루로 만들 반죽과 단팥을 넣어 구워서 만들며 비교적 가격이 저렴하여서 서민들이 즐겨 먹는 간식이다. 자가용이 없어 버스나 전철과 같은 대중교통을 이용하는 나로서 정류장 근처나 전철역 근처에서 붕어빵을 파는 노점상을 자주 대한다. 추운 겨울 어느 날, 전철역 주변에서 밤늦게까지 붕어빵을 팔고 있는 텁수룩한 수염이 있는 중년을 보았다. 불현듯 헤밍웨이의 『노인과 바다』가 떠올랐다. 손수레가 배처럼 느껴졌고 주변이 어두운 바다처럼 느껴졌다. 삶과 고투하고 있는 중년의 모습이 노인과 바다의 주인공처럼 느껴졌다. 몇 개나 팔면 생계를 유지할 수 있을까? 자유는 어떤 조건에서 주어지는가? 삶은 빈부격차로 팍팍해지고 긴장감은 더해 가고 인정은 메말라 가고 있다. 노동의 대가를 생각해 보고, 힘든 가운데에서 희망과 의지력을 갖고 열심히 살아가는 소시민을 생각해 보았다.

양수가 수액처럼 흐르던 날

밤늦게 운동을 마치고
방문을 열어 보았다
작은 소쿠리에 고구마가 담겨 있었다
오늘은 지금까지 보아 왔던
고구마와는 사뭇 다르게 보였다
모세혈관처럼 갈라진 실금 주름
움푹 패 얽은 상처 자국
낫같이 휘어져 오그라진 등줄기
허물어진 모래성처럼 내려앉은 힘없는 어깨
초가 되어 가는 감같이 허물거리는 속살
마른 껍질 위엔 얼룩져 있는 저승 반점
어린 시절 보았던
홍안의 자색고구마는
생기 있고 윤이 났지만
검은빛 핏기 없는 창백한 고구마는
붉은빛이 바래 있었다
배고프고 잔병 많던 어린 시절
자식을 위해 남겨 둔
붉은 보랏빛 머금은
자색고구마는 이젠 볼 수 없었다
줄기의 탯줄로 양수가 수액처럼 흐르던 날,
정성과 따사로움을 잃지 않은

온기만이

눈망울과 **뺨**을 타고 내려와

내 가슴에 한없이 잠들어 있었다

– (사)효세계화본부 주최
『제11회 효사랑 글짓기대회 공모 수상작 2019』

 이 시는 고구마 옆에 잠들어 계시는 어머니를 보고 쓴 시다. 어느 날 운동을 마치고 어머니 방문을 열어 보았다. 소쿠리에 담긴 고구마가 나에게 새롭게 다가왔다. 고구마의 껍질과 외양이 노쇠한 어머니와 닮았다. 어렸을 때 가난한 살림에 삼 남매를 키우느라 화장품 외판원, 바느질시다, 떡 장사, 청소부, 안 해 본 것이 없다. 어머니의 생애는 "낳으실 제 괴로움 다 잊으시고–"로 시작되는 양주동 박사의 〈어머니의 마음〉 노래 가사의 내용과 너무나 같다. 설날을 며칠 앞두고 올 일월에 92세로 돌아가셨다. 모정이란 무엇인가? 내리사랑은 있지만, 치사랑은 없다는 옛말이 어머니께서 돌아가신 후 진하게 가슴에 와닿았다. 심장 수술, 척추 골절 수술, 안면 마비, 당뇨와 고혈압, 구순의 나이, 58년 동안 동고동락했던 시간, 베란다에 놓인 어머니 휠체어가 물결을 이루며 어른거린다.

나는 명시를 이렇게 읽었다

김정식(시인)

방문객

정현종

사람이 온다는 건
실은 어마어마한 일이다.
그는
그의 과거와
현재와
그리고
그의 미래가 함께 오기 때문이다.
한 사람의 일생이 오기 때문이다.
부서지기 쉬운
그래서 부서지기도 했을
마음이 오는 것이다 －그 갈피를
아마 바람은 더듬어 볼 수 있을
마음,
내 마음이 그런 바람을 흉내 낸다면
필경 환대가 될 것이다.

－ 출처: 정현종 시집 『광희의 속삭임』(2008)

화자는 부서지기 쉬운, 부서지기도 했을 지난한 타인의 생에 대해 바람처럼 갈피를 잡아 더듬어 볼 수만이라도 있다면 그것이 필경 '환대'라고 한다.

'환대'라는 시어에서 철학자 레비나스 타자의 윤리학이 떠오른다. 그는 타자의 고유성, 절대성으로 존재론적으로 우리는 타자를 영원히 모른다고 한다. 즉, 타자를 객체가 아닌 나와 다른 또 다른 주체로 본다. 주체(나) 중심은 타자를 선이해나 선입견으로 함부로 재단하고 폭력성과 전체주의를 나을 수 있다고 보았다. 또한, 예수 그리스도, 붓다와 같이 타자를 우위에 두고 특히, 소외된 자, 연약한 자를 배제하지 말고 아픔에 귀 기울이고 환대하고 섬겨야 한다고 가르친다. 그렇게 했을 때 나의 존재에 대한 이해가 넓어지고 더욱 깊어진다.

시「방문객」은 모든 것을 알 수 없는 타자에 대해 존중하고 환대하고 관심을 두는 '사랑의 시'로 읽힌다. 레비나스의 타자 개념은 넓다. 타인도 되고, 나 자신의 무의식도 될 수 있고, 신도 될 수 있다.

트로트 가수 김국환의 〈타타타〉를 불러 본다.

네가 나를 모르는데
난들 너를 알겠느냐~

별

임보

어둠을 탓하지 말라

모든 빛나는 것들은
어둠의 어깨를 짚고
비로소 일어선다

어둠이 깊을수록
별들이 더 반짝이듯

그렇게
한 시대의 별들도
어둠의 수렁에서 솟아오른다

– 출처: 임보 시선집 『지상의 하루』(2017)

 시를 감상하고 허무와 절망에 부딪혔을 때, 긍정을 노래하는 니체적인 '힘에의 의지'가 느껴졌다. 니체는 난관(難關)은 오히려 자기를 더 단단하게 고양하고, 우아하고 고귀한 인간으로 상승시키는 촉매제의 역할로 본다. 그래서 니체는 어려움을 어린이처럼 놀이로 흔쾌히 받아들이고 주인의식을 갖고 창조적으로 삶을 늘 새롭게 살아가라고 한다.
 어둠이라는 시련 속에서 시인처럼 세상을 긍정적으로

바라보고, 의지를 갖고 어깨를 짚고 일어서면 별처럼 반짝이는 존재, 니체가 말하는 위버멘쉬가 되지 않을까?

영진설비 돈 갖다주기
박철

막힌 하수도 뚫은 노임 4만원을 들고
영진설비 다녀오라는 아내의 심부름으로
두 번이나 길을 나섰다
자전거를 타고 삼거리를 지나는데 굵은 비가 내려
럭키슈퍼 앞에 섰다가 후두둑 비를 피하다가
그대로 앉아 병맥주를 마셨다
멀리 쑥국쑥국 쑥국새처럼 비는 그치지 않고
나는 벌컥벌컥 술을 마셨다
다시 한번 자전거를 타고 영진설비에 가다가
화원 앞을 지나다가 문밖 동그마니 홀로 섰는
자스민 한 그루를 샀다
내 마음에 심은 향기 나는 나무 한 그루
마침내 영진설비 아저씨가 찾아오고
거친 몇 마디가 아내 앞에 쏟아지고
아내는 돌아서 나를 바라보았다
그냥 나는 웃었고 아내의 손을 잡고 섰는
아이의 고운 눈썹을 보았다
어느 한쪽,
아직 뚫지 못한 그 무엇이 있기에

오늘도 숲속 깊은 곳에서 쑥국새는 울고 비는 내리고
홀로 향기 잃은 나무 한 그루 문밖에 섰나
아내는 설거지를 하고 아이는 숙제를 하고
내겐 아직 멀고 먼
영진설비 돈 갖다주기

– 출처: 박철 시집 『영진설비 돈 갖다 주기』(2001)

시는 일상에서 일상 너머를 노래한다. 라캉의 욕망 이론에서 시를 한번 분석해 보았다. 일상의 논리와 시의 논리를 구분한다면, 나는 라캉의 3계(상상계, 상징계, 실재계) 중 일상의 논리를 상징계, 시의 논리를 실재계에 등치시키고 싶다.(물론, 상상계도 영향을 주지만)

아내는 일상의 논리인 상징계에 충실하며 가정을 돌보며 살고 있다. 화자는 작은 일탈을 통해 그 무엇인가 타자의 욕망이 아닌 자기 본연의 욕망을 보여 주고 있다. 그 욕망은 즉흥적인 행위로 나타난다. 이 시는 직설과 비유적인 표현을 잘 배치해서 시가 부드러우면서 해학적이다. 본연의 나를 찾아가는 화자의 작은 일탈에 미소 짓게 하는 따뜻한 시라는 생각이 든다.

발표지면

천공天空-『서울교원문학 제2호 울림』공모전 선정작 2017년
처마 밑 고드름-『제20회 공무원 문예대전 수상집』 2017년
　　　　　 - 서울신문(2017.6.19.)
별 눈-『제1회 우리家사랑해 수상집』 2017년
가을날의 수채화-『문학광장 시선124』 2017년
먼 산- 제24회 지용신인문학상 최종심(2017)
　　　- 월간문학 신인상 최종심(2017)
신전神殿- 월간문학 신인상 최종심(2019)
양수가 수액처럼 흐르던 날-『효사랑 글짓기 공모 수상작 2019』
역입- 월간『우리詩』등단작 2020년
제 3지대 커피- 월간『우리詩』2021년 4월호
길상사- 월간『우리詩』2021년 10월호
외양간 옆 옛이야기- 월간『우리詩』2022년 1월호
키 작은 심지- 월간『우리詩』2022년 4월호
지하철 선방- 월간『우리詩』2023년 1월호
ㅁ에 대하여- 월간『우리詩』2023년 10월호
손톱을 깎으며-『2023년 지하철 시 공모전 선정작』
　　　　　 -2호선 신도림역 외 4곳 게시
얼굴 없는 사람- 월간『우리詩』2024년 1월호
마네킹- 월간『우리詩』2024년 4월호
안나푸르나 가는 길-『시산맥』2024년 겨울호
　　　　　 - 수원일보(24.12.4.)

* 시집을 엮으며 일부 표현을 수정했습니다.

먼　산

ⓒ 김정식, 2025

초판 1쇄 발행 2025년 7월 17일

지은이	김정식
펴낸이	이기봉
편집	좋은땅 편집팀
펴낸곳	도서출판 좋은땅
주소	서울특별시 마포구 양화로12길 26 지월드빌딩 (서교동 395-7)
전화	02)374-8616~7
팩스	02)374-8614
이메일	gworldbook@naver.com
홈페이지	www.g-world.co.kr

ISBN　979-11-388-4538-0 (03810)

- 가격은 뒤표지에 있습니다.
- 이 책은 저작권법에 의하여 보호를 받는 저작물이므로 무단 전재와 복제를 금합니다.
- 파본은 구입하신 서점에서 교환해 드립니다.